MUNDO MAYA
HONDURAS, GUATEMALA, BELICE, EL SALVADOR Y MÉXICO

Dante

▲ *El Kodz Poop,*
mascarones del
dios Chaac. Kabah.

CONTENIDO

EL MUNDO DE LOS ANTIGUOS MAYAS

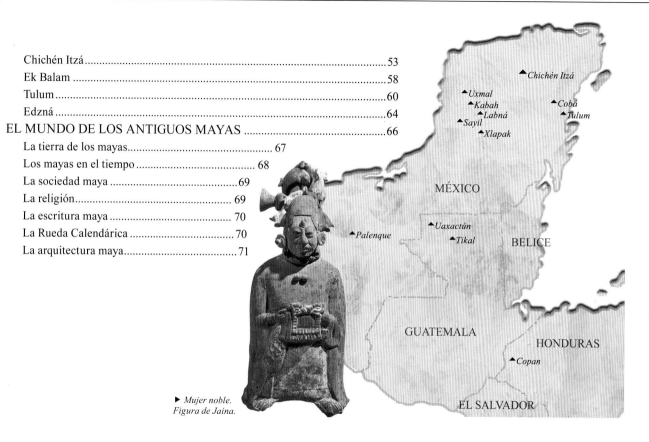

▶ *Mujer noble.*
Figura de Jaina.

Las fronteras del mundo maya

Desde los primeros tiempos, los mayas estuvieron influenciados por otros pueblos de Mesoamérica, en especial de los olmecas, de quienes recibieron la escritura, la religión y el culto a la serpiente y al jaguar, dos animales simbólicos del mundo prehispánico.

En el sur, la influencia olmeca se fusionó con las culturas locales, dando origen al estilo Izapa en sitios como Kaminaljuyú en Guatemala e Izapa en Chiapas, donde se levantaron estelas con escenas narrativas y rituales, los antecedentes de las grandes obras mayas talladas en piedra.

PUREPECHA

TOTONACA

TOLTECA

OLMECA

ZAPOTECO
MIXTECO

MAYA

INTRODUCCIÓN

Los antiguos mayas ocuparon el vasto territorio que hoy comprende el sureste de México, Belice, Guatemala, Honduras y parte de El Salvador.

Los primeros asentamientos se han encontrado en sitios como Cuello (Belice), Abaj Takalik (Guatemala), Chalchuapa (El Salvador) y Loltún (Yucatán, México), alrededor del año 1000 antes de nuestra era.

En el periodo Clásico (600-1100 d.C.) construyeron edificios que aún hoy nos sorprenden por su monumentalidad y belleza, en ciudades como Tikal (Guatemala), Copán (Honduras), y Palenque, Chichén Itzá, Uxmal, Kabah, Sayil, Labná, Cobá y Tulum (México).

Tras siglos de esplendor, la cultura maya entró en un proceso de estancamiento hasta su colapso en el siglo XI.

La caída de la civilización maya se atribuye a calamidades naturales, a conflictos bélicos y a la sobrepoblación que minó los cimientos de esta sociedad prehispánica.

Para el siglo XV, las grandes ciudades mayas, con sus pirámides, templos y palacios estaban olvidadas en la selva, sus antiguos habitantes vivían agrupados en pequeñas aldeas; por eso, cuando los conquistadores españoles arribaron, sólo hallaron rastros de la antigua grandeza del pueblo maya.

▲ *Uno de los dos jaguares erectos que flanquean la escalera de los Jaguares, en Copán.*

HONDURAS

Los primeros asentamientos mayas en lo que hoy es el territorio de Honduras, datan del año 5000 a.C. en el valle de Sula.

Estos primeros grupos aún nómadas, ya se habían sedentarizado en el año 1000 a.C., al punto que, para esa fecha, el área de Copán estaba habitada por grupos de agricultores que fabricaban cerámica.

Copán y Quiriguá, dos grandes centros mayas, se levantaron en la cuenca del río Motagua.

El monopolio de piedras preciosas como la obsidiana y el jade hicieron de Copán una ciudad de gran importancia entre los años 400 y 900 d.C.

Copán
La ciudad de las dinastías

No hay lugar alguno como Copán en todo Centroamérica. El lugar, rodeado de verdes montañas y abundante vegetación, es el sitio maya más cautivador.

Tiene más de 5000 estructuras, 25000 fragmentos esculturales y más jeroglíficos que cualquier otro sitio maya: la sola Escalera Jeroglífica de Copán cuenta con 2500 glifos. En el parque arqueológico se encuentran las maravillas arquitectónicas que los extraordinarios maestros mayas levantaron en una ciudad que, en su apogeo, en el Clásico Tardío, llegó a tener una población de 20000 habitantes.

◄ *Las estelas de Copán se cuentan entre las más famosas del mundo maya. En su cara principal aparece labrada la figura de un personaje de alta jerarquía, mientras que las caras laterales y posterior del monolito están cubiertas de jeroglíficos que representan fechas conmemorativas.*

► *Las ruinas son el único vestigio de los grandes congresos de astrónomos que se reunían en Copán para cotejar sus cálculos y aportar correcciones al calendario.*

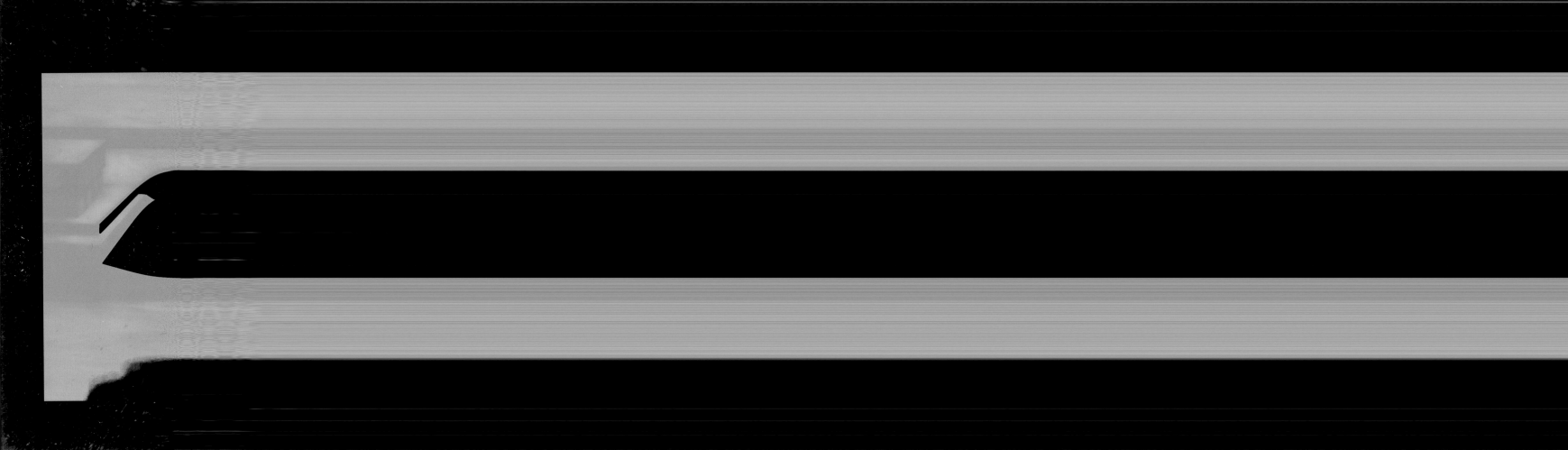

LÁMINA I - COPÁN - JUEGO DE PELOTA

"No me atrevería intentar dar una impresión...de los efectos excitantes de los monumentos, urgidos ahí en lo profundo de la selva tropical, silenciosos y festivos, de los diseños extraños y maravillosos, bellamente labrados..."

John Stephens / Incidentes de viaje por Centroamérica, Chiapas y Yucatán. - *Dibujo de Frederick Catherwood.*

En un principio, historiadores y eruditos concibieron la ciudad de Copán como un gran centro ceremonial donde sólo vivían los sacerdotes conocedores del calendario y la astronomía: creían que los textos jeroglíficos tallados con gran arte y dedicación en las estelas y los monumentos sólo hacían referencia a las predicciones astrológicas, y que los personajes representados en ellos eran deidades mayas.

En las últimas décadas, con los avances en el desciframiento de la escritura maya se ha puesto en evidencia que los jeroglíficos aluden a importantes sucesos históricos y a las grandes hazañas de los reyes mayas, y que muchos de ellos aparecen labrados en sus monumentos.

◀ *Estela H de Copán, en la que aparece una sacerdotisa ricamente ataviada.*

▶ *La Estela H de Copán, en una litografía de Frederick Catherwood.*

La Escalera Jeroglífica de Copán, una gran escalinata que muestra en cada uno de su escalones inscripciones jeroglíficas, contiene el texto labrado más largo de América. En medio de los escalones aparecen estatuas antropomorfas de dioses y sacerdotes; el relieve de la serpiente emplumada, decora las rampas laterales de la escalinata.

Una gran cantidad de peldaños ha caído y sólo una pequeña porción de los bloques de piedra tallada fue hallado en su sitio, pero se ha logrado ordenar de tal manera que es posible saber que la escalinata fue construida por el rey Humo Concha para perpetuar las vidas de sus ancestros.

La Acrópolis de Copán era el centro del poder de los reyes y reúne grandes construcciones y pirámides que guardan importantes datos históricos sobre la ciudad y sus habitantes, que serán develados con el avance de las excavaciones y que buscan responder las preguntas acerca del esplendor y caída de una de las más grandes ciudades-Estado de los antiguos mayas.

▲ *Estela D y su altar. Stephen describió "los ídolos que dan el carácter distintivo de las ruinas de Copán", como este aguafuerte coloreado por Catherwood.*

▶ *La Escalera Jeroglífica del Templo 26 resume la historia de la dinastía dirigente en Copán y contiene la inscripción más larga que se conozca en el mundo prehispánico.*

En el Altar Q de la acrópolis de Copán hay un gigantesco bloque de piedra cuadrangular donde aparecen en bajorrelieve las figuras de dieciséis hombres sentados que, se creía, conmemoraban una histórica reunión de grandes astrónomos del mundo maya.

Los últimos descubrimientos señalan que las figuras representan una dinastía de dieciséis reyes que gobernó por espacio de cuatro siglos, entre los años 426 y 820 d.C., durante el periodo Clásico.

Se sabe que el rey Yax Kuk Mo (Quetzal Guacamaya) gobernó hacia el año 426, y que la dinastía concluyó con Yac Pasah (Primer Amanecer), el rey que construyó el altar.

Los grandes monumentos fueron erigidos para venerar a los reyes de esta dinastía, pero la mayoría de estelas y altares hacen referencia a 18 Conejo, uno de los monarcas más importantes de Copán.

◀ *El Altar Q de Copán fue comisionado por el décimo sexto gobernante, Yax Pasah, en el año 775 d.C. En el altar se representan todos sus antecesores sentados sobre jeroglíficos con sus nombres.*

◀ *El Altar Q con la dinastía de Yax Kuk Mo. Yax Pasah, recibe de él el bastón de mando, proclamando así la legitimidad de su descendencia.*

▲ *Vista Panorámica de la Gran Plaza, Tikal.*

GUATEMALA

La zona del Petén estuvo habitada desde tiempos remotos. Los primeros registros de centros ceremoniales en la región datan del año 200 a.C.

En el periodo comprendido entre los años 1000 y 500 a.C., la población maya tuvo un crecimiento desmedido en la zona central. Surgieron entonces edificios monumentales en los sitios de Nakbé y Tikal, en las tierras bajas, y Kaminaljuyú y El Portón, en las tierras altas, donde aparecieron las primeras estelas.

Las primeras rutas comerciales fueron controladas por Kaminaljuyú, ciudad que se erigió como una de las más importantes del periodo Preclásico, al controlar el mercado de la obsidiana.

En el periodo Clásico, el centro del poder político, económico y religioso se concentró en la ciudad de Tikal, que lo mantuvo durante varios siglos, hasta el año 900 d.C., cuando Tikal y otras ciudades importantes del Petén declinaron sin razón aparente, en lo que se conoce como el colapso maya.

Uaxactún
La ciudad del templo de las máscaras

Uaxactún, que en maya significa "ocho piedras", fue uno de los asentamientos más tempranos del periodo Clásico maya, aunque ya era el centro ceremonial más importante de Guatemala antes del 328 a.C., la fecha más antigua de una de sus estelas. Otra de ellas marca el año 889 d.C., una de las últimas fechas de la Cuenta Larga registradas en el Petén de Guatemala.

En Uaxactún se gestaron muchas de las contribuciones mayas a la cultura universal; la escritura jeroglífica, el estilo pictórico, la astronomía y el arco maya se concibieron en este sitio que resguarda el más viejo observatorio maya y la pintura mural más antigua de importancia.

▼ *Plaza principal de Uaxactún. La ciudad estuvo habitada desde antes del siglo I a.C.*

▲ *Para algunos, las vasijas de barro policromado de Uaxactún son las más bellas del mundo maya.*

LÁMINA II - UAXACTÚN - PIRÁMIDE E-VII-SUB

La pirámide E-VII-Sub. es el ejemplar más antiguo de la arquitectura maya de piedra. Esta pirámide, decorada con dieciséis mascarones de estuco de tamaño heroico, con cuatro escalinatas, es una maravilla de la arquitectura maya primitiva.

La pirámide nunca sostuvo un templo de piedra, pues en el piso de mortero de cal de la cima aparecieron rellenos cuatro huecos que sirvieron para sostener los postes de una estructura de palos y paja.

Desde la Pirámide E-VII-Sub. se registraban los equinoccios y solsticios solares, teniendo como referencia un complejo astronómico del que formaban parte las Estructuras I, II y III.

▼ *Uaxactún cuenta con el primer observatorio astronómico maya, que consiste en fijar con precisión las posiciones extremas del Sol en los equinoccios y solsticios por medio de referencias visuales, a partir de un punto único de observación.*

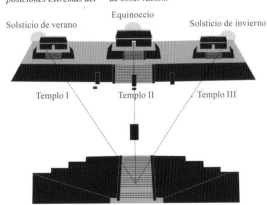

Solsticio de verano   Equinoccio   Solsticio de invierno

Templo I   Templo II   Templo III

▼ *Vista frontal de la Pirámide E-VII-Sub., la estructura en piedra más antigua del mundo maya.*

Otros sitios arqueológicos de Guatemala

Yaxhá
En una de sus plazas se encuentra el único grupo de pirámides gemelas fuera de Tikal.

Topoxté
Data del periodo Postclásico y posee dos pirámides y un templo, con características similares a los monumentos de Tulum.

Ceibal
Es conocido como "la galería del arte maya", pues sus estelas son de las más finas del periodo Clásico Tardío.

Altar de Sacrificios
Localizado en el río Usumacinta, la ciudad tuvo mucha importancia durante los siglos VII y VIII d.C.

El Mirador
Es considerada una de las ciudades más importantes del período Preclásico Tardío, por sus grandes estructuras.

Dos Pilas
Se destaca por sus estelas grabadas. La más bella escultura de Dos Pilas es la Estela Roja, que conserva restos de estuco de color rojo, azul y amarillo.

▲ *Sitio arqueológico de Yaxhá.*

▲ *Quiriguá. Piedra zoomorfa.*

▲ *Vista de Iximché.*

Piedras Negras
Este lugar, con ruinas tan majestuosas como las de Tikal, recibe su nombre del color de las piedras del río.

Quiriguá
Los monumentos y estelas de Quiriguá narran la historia de la dinastía de esta ciudad. Rival de la vecina Copán, a la que sometió en el año 738 d.C., entre sus monumentos destaca la Estela E, de casi 11 metros de altura, que representa al rey Cauac Cielo.

Iximché
Fortificada sobre una colina, Iximché fue capital del antiguo señorío maya Cakchiquel, donde los españoles fundaron la primera capital de Guatemala.

Zaculeu
Ciudad fortificada del Postclásico Tardío con estructuras que evidencian restos de pinturas y vestigios de ceremonias.

Mixco Viejo
Sus ruinas muestran una serie de pirámides, túmulos de observatorios y estadios para juegos de pelota.

Tikal

La joya del Petén

Este sitio es el único declarado al mismo tiempo por la UNESCO como Patrimonio Cultural y Natural de la Humanidad. Considerado como el más importante de los centros urbanos del área maya en su tiempo, Tikal está en el eje de un área de 576 kilómetros cuadrados sobre el que se han encontrado más de 3000 construcciones prehispánicas separadas: templos, plazas, santuarios, plataformas ceremoniales, residencias pequeñas y medianas, juegos de pelota, terrazas y calzadas.

Al momento de la conquista española, el área ocupada por los mayas cubría toda Guatemala, excepto partes en la región baja en la costa del Pacífico.

▶ *En medio de la selva del Petén de Guatemala se encuentra Tikal, una de las ciudades mayas más antiguas y la más extendida del periodo Clásico.*

Aunque existen evidencias de civilizaciones antiguas por todo el país, las tierras bajas al norte del Petén son las que tienen mayor concentración de vestigios hallados hasta la fecha.

Las más importantes son: Tikal, Ceibal, Yaxhá, Uaxactún, El Mirador, El Naranjo, Aguateca, Dos Pilas, Nakum, Sayaxché, Altar de Sacrificios, Quiriguá, Río Azul, Tayasal, Kinal y Piedras Negras.

Dueña de una gran riqueza, Tikal gana especial interés cuando se sabe que únicamente ha sido excavado un pequeño porcentaje del total del sitio.

El lugar está lleno de caminos y veredas que llevan a los principales grupos arqueológicos.

Las construcciones más importantes están concentradas en el centro de Tikal. Se piensa que en su momento de máximo esplendor, abrigó a unas 100000 personas.

◤ Estela 16 de Tikal, que representa al rey vestido de gala.

◀ Hileras de estelas frente a la escalinata que de la Plaza Mayor conduce a la Acrópolis Norte.

▲ Altar 5 de Tikal. Representa a dos personajes que exhuman los restos de una dama de la nobleza.

El Templo I, conocido como Templo del Gran Jaguar, reúne los rasgos principales de la construcción tradicional maya. Es de forma piramidal sobre una fuerte subestructura de nueve terrazas; tiene una escalera que recorre la pirámide desde la punta hasta la base, una plataforma sobre la que descansa el edificio y una construcción cuyo exterior comprende dos partes: una porción más alta y delgada hacia la parte posterior y un alto techo en forma de peineta en la parte de atrás. Se supone que fue construido en el año 700 d.C.

▲ El Templo I, con su pronunciada tendencia a la verticalidad, es uno de los más representativos de la ciudad.

▶ Fue en Tikal donde se levantaron las pirámides más altas del mundo maya. El Templo I es una muestra de estas construcciones que rebasaban la copa de los árboles.

El Templo II de Tikal o Templo de los Mascarones fue construido después del Templo I, con el cual conforma parte del espacio del corazón de Tikal, la Gran Plaza, con su imponente escalinata y sus formidables hileras de altares y estelas frente a la Acrópolis Norte.

Toda la majestuosidad del conjunto muestra el esplendor de esta gran ciudad clásica de la cultura maya.

▶ *El Templo II o Templo de los Mascarones, pese a sus gruesas molduras, que le dan una apariencia más pesada, participa del mismo sentido de verticalidad que el Templo I.*

▼ *El Templo II fue erigido pocos años después del Templo I. Su ornamentada crestería casi duplica la altura total del basamento.*

▲ *La espacialidad de la arquitectura maya puede apreciarse en el interior de los palacios de Tikal.*

▲ *Reconstrucción de una vista lateral de la Gran Plaza de Tikal. Detrás de los edificios de la Acrópolis Central se levanta el Templo I. Al fondo, aparecen los Templos de la Acrópolis Norte.*

▶ *Reconstrucción ideal del Templo I o del Jaguar Gigante.*

LÁMINA III - TIKAL - TEMPLO II O TEMPLO DE LOS MASCARONES

▲ *Belice. El Castillo.*

BELICE

Las montañas y selvas de Belice fueron el escenario del paso de los mayas. Los restos arqueológicos más antiguos encontrados se remontan al periodo Preclásico (1500 a.C.-300 d.C.), entre los que destacan las cerámicas del yacimiento de Barton Ramie. Durante el periodo Clásico (300 d.C.-900 d.C.), los mayas construyeron poblados en las llanuras aluviales y en las faldas de las colinas; los templos y palacios fueron edificados en niveles más altos. También se han encontrado restos de tumbas y centros ceremoniales, con pirámides y juegos de pelota, así como algunos ejemplos del periodo Posclásico de Yucatán.

Los enclaves arqueológicos como el de Cerros y Lamanai, contribuyen a entender la majestuosidad de la arquitectura maya.

Lubaantun ("lugar de piedras caídas")

Es un gran centro ceremonial de 11 estructuras mayores agrupadas alrededor de 5 plazas principales. La ruina, única en su género, fue construida sin la utilización del mortero. Cada piedra fue medida y cortada con extraordinaria precisión para encajar con la siguiente.

Xunantunich

Tiene como vigía una impresionante pirámide, conocida como el Castillo, que se eleva en una roca 40 m sobre el resto del conjunto.

Caracol

En medio de la exhuberante belleza de la selva tropical de Chiquibul, surge el Caracol, el centro ceremonial maya más importante que se conoce en Belice. La pirámide Canaa ("lugar del cielo") se eleva hacia los 42.67 m y es la estructura más alta hecha por por los antiguos mayas en el país.

Altun Ha ("agua de la roca")

Era un gran centro ceremonial y comercial del periodo Clásico maya. Su ruina es la más extensamente excavada en Belice y consiste en dos plazas principales con unos 13 templos y estructuras residenciales.

El hallazgo más importante durante las excavaciones fue la "cabeza de jade", que representa al Dios del Sol, Kinich Ahau, una pieza de aproximadamente 15 centímetros de altura y 4.42 kilogramos de peso, que, hasta el día de hoy, es el objeto de jade excavado más grande en toda la región maya.

▲ *Centro ceremonial de Tazumal.*

▲ *Vestigio arqueológico en Joya del Cerén.*

▲ *Pirámide de Tazumal.*

EL SALVADOR

En la república de El Salvador, los antiguos mayas levantaron el más pequeño país de su enigmática civilización aunque hoy se sabe que fue uno de los lugares más poblados del mundo maya a lo largo de los últimos 3500 años. Muchas de sus ruinas se hallan aún sin explorar, lo cual convierte a El Salvador en uno de los enigmas arqueológicos del continente americano.

Tazumal

Entre sus vestigios arqueológicos destaca la zona de Tazumal, la región donde se establecieron las primeras civilizaciones de las que se tiene noticia. Allí se encuentran cinco grandes centros ceremoniales que se construyeron entre el año 300 a.C. y el 1200 d.C.; Tazumal es uno de estos centros monumentales, con un juego de pelota y edificios de más de 30 metros de altura.

Joya del Cerén

Joya del Cerén, declarado Patrimonio de la Humanidad en 1993, es otro de los sitios arqueológicos de gran importancia en El Salvador.

En 1976 se descubrió en esta pequeña granja este asentamiento enterrado por cinco metros de ceniza volcánica, por lo que ahora se le conoce como "La Pompeya de América". Las actuales excavaciones y su extraordinario estado de conservación están aportando valiosa información sobre la vida cotidiana de un pueblo maya de hace 1400 años (siglo VII).

Entre las 17 estructuras descubiertas hay dos bodegas para alimentos y utensilios de trabajo. Hay cocinas, con cuchillas, piedras de moler, vasijas con restos de comida (frijoles, cacao y chiles), platos de barro y un fogón de tres piedras. Bajo sus techos de paja y entre sus muros rojos y blancos se halló un jardín con maíz y maicillo, huesos de roedores y un pato. Todo se encuentra tal y como fue enterrado, justo antes de la erupción del volcán.

▲ *La figura del Chac Mol, en Chichén Itzá, muestra la influencias del centro de México en las manifestaciones artísticas de los mayas.*

MÉXICO

Además de extenderse a Guatemala, Belice, Honduras y El Salvador, la cultura maya ocupó en México los estados de Quintana Roo, Campeche, Yucatán, Tabasco y el oriente de Chiapas.

La cantidad de monumentos y ciudades que levantó en México es incontable: tan sólo en el estado de Yucatán se han descubierto más de 1600 zonas arqueológicas, además de 200 grutas con vestigios de la cultura maya.

De tal cantidad de sitios, sobresalen Chichén Itzá, Uxmal, Tulum, Labná, Kabah y Sayil.

Tras un periodo de auge y esplendor en la época clásica (600 a.C. al 900 a.C.), las ciudades mayas se colapsaron por causas aún desconocidas. Ya en el siglo XV, los grandes centros ceremoniales mayas habían sido devorados por la selva, y los conocimientos milenarios de los sabios mayas se habían perdido.

▲ *La cripta secreta de Palenque, de siete metros de largo por 3.75 de ancho y siete de alto. Esta tumba, con su lápida monolítica esculpida en bajorrelieve, fue descubierta por el arqueólogo Alberto Ruz L'Huillier.*

◄ *El Templo de las Inscripciones debe su nombre a los 620 jeroglíficos labrados en las paredes del pórtico y del interior.*

Palenque
La ciudad del rey Pacal

La ciudad de Palenque es la más hermosa del área maya mexicana. Se extendía a lo largo de ocho kilómetros, al pie de las colinas sobre las que crece una húmeda y exuberante vegetación tropical.

Los monumentos de Palenque se distinguen por su tipo de techo, exclusivo de esta ciudad, sus edificios de diseño sencillo y sus templos pequeños, así como por sus hermosas cresterías caladas y decoradas con relieves en estuco.

El Templo de las Inscripciones, sostenido en una pirámide de nueve cuerpos, es el edificio más importante del lugar. En su basamento piramidal se encuentra una cripta donde fue enterrado el rey Pacal, un célebre gobernante que se rodeó de un lujo sólo comparable con el de algunos sarcófagos faraónicos del antiguo Egipto. Una impresionante máscara de jade con incrustaciones cubría el rostro del difunto.

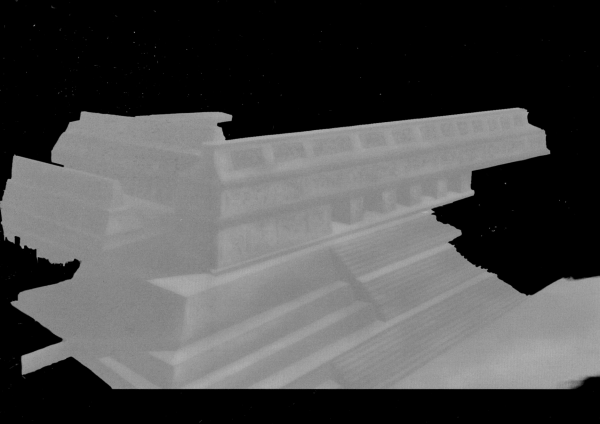

LÁMINA IV - PALENQUE - EL PALACIO

"*Aquí están los restos de un pueblo cultivado, refinado y peculiar que pasó por todas las etapas propias del auge y caída de las naciones, alcanzó una edad de oro y pereció, quedando por entero desconocido.*"

John Stephens / Incidentes de viaje por Centroamérica, Chiapas y Yucatán. - *Dibujo de Frederick Catherwood.*

El Palacio de Palenque se levanta sobre una plataforma artificial y es considerado como una de las construcciones más notables del mundo maya. El palacio, con su torre y sus galerías que corren alrededor del edificio como portales, cuenta con fachadas decoradas y techos inclinados que realzan la elegancia arquitectónica de una ciudad única entre las grandes ciudades de los antiguos mayas.

▶ *La torre del Palacio de Palenque pudo haber sido observatorio y atalaya al mismo tiempo.*

▼ *Los Templos del Grupo de la Cruz de Palenque están levantados sobre basamentos piramidales y tienen cubiertas de mansarda con cresteria, típicas del estilo palencano.*

◄ *La crestería del Templo del Sol semeja una filigrana en piedra, un elemento único en el la arquitectura maya.*

▼ *El Templo del Conde debe su nombre a un noble europeo que utilizó como habitación mientras estuvo realizando dibujos de Palenque.*

La concepción arquitectónica de los edificios de Palenque fue excepcional: el equilibrio de su composición, la crestería calada, los amplios vanos de los muros exteriores, la balanceada relación entre vanos y huecos y la armonía de sus medidas, tienen su más fina expresión en el Templo del Sol, quizá el más exquisito en sus proporciones.

▲ Templo de las
Inscripciones y cripta
secreta de Palenque,
en el estado en que se
encontraba cuando
fue explorado, según
grabado de Frederick
Catherwood.

▼ Vista del patio
principal del palacio
de Palenque. Los bajo-
rrelieves dibujados por
Catherwood represen-
tan personajes de alta
jerarquía sometidos al
vasallaje.

▲ Templo de las Inscrip-
ciones de Palenque,
construido para ocultar
la tumba del rey Pacal,
es el único caso de
pirámide-tumba en
toda la arquitectura
mesoamericana.

▶ Reconstrucción par-
cial del Templo del Sol.
La crestería al centro de
la cubierta es típica del
estilo palencano.

Yaxchilán

Yaxchilán es uno de los sitios más importantes del periodo Clásico maya (250 d.C.-900 d.C.) y se destaca por sus numerosos monumentos labrados con glifos e inscripciones de gran calidad artística. Situada a orillas del río Usumacinta, la ciudad se convirtió de pequeña aldea agrícola a puerto principal de la región de Palenque.

Se cree que Yaxchilán ejerció su influencia política en la zona, al punto de convertirse en capital regional, como lo demuestra la presencia de su glifo-emblema en otras poblaciones.

A partir del año 681 d.C., con el ascenso al trono de Escudo-Jaguar I, se produjo la expansión más notable de Yaxchilán; tras su muerte en el año 742, su hijo Pájaro-Jaguar IV consolidó el poderío de la ciudad y empezó la construcción de grandes edificios y monumentos que le dieron su fisonomía definitiva. Le sucedió su hijo Escudo-Jaguar II, quien aparece tomando un prisionero en el dintel central de los murales de Bonampak.

◄ *Dintel de Yaxchilán que muestra el ritual de autosacrificio de la perforación de la lengua.*

▶ *Fragmento de uno de los famosos murales del Templo de las Pinturas, en Bonampak.*

Bonampak

En medio de la selva de Chiapas, en el valle del río Lacanhá, se encuentra esta ciudad que empezó a surgir en el año 250 d.C., en el inicio del periodo Clásico.

Los principales edificios de la ciudad se levantaron sobre las colinas del valle, pero sólo está explorado el conjunto de la Gran Plaza y la Acrópolis, donde se encuentra el Templo de las Pinturas, con los murales que han dado fama a Bonampak. El templo tiene tres puertas que llevan a tres recintos decorados con pinturas. En los dinteles labrados de las puertas hay escenas de toma de prisioneros.

Se desconoce gran parte de la historia del sitio, que ha sido poco explorado; sin embargo, en los primeros monumentos hallados se alude a Cara de Pez, quien gobernó hacia finales del siglo V.

Se sabe que el auge de Bonampak ocurrió en el gobierno de Jaguar Ojo-Anudado II, cuyas conquistas militares se conmemoran en el Dintel 3 del Templo de las Pinturas.

Dzibilchaltún

Enigmático centro ceremonial

Localizado apenas a 15 kilómetros de Mérida, Dzibilchaltún ("lugar donde hay escritura sobre las piedras") reúne en un solo sitio una ciudad prehispánica, un parque ecoarqueoastronómico y el Museo del Pueblo Maya.

Otro elemento interesante que hace aun más completo al conjunto de Dzibilchaltún, es la presencia de una capilla abierta construida por los colonizadores entre 1590 y 1600. Es muy probable que su ubicación en la antigua plaza central se haya decidido a raíz de que ésta era escenario de ritos religiosos que los evangelizadores deseaban erradicar.

El Templo de las Siete Muñecas, llamado así por una ofrenda de siete burdas muñecas de barro encontradas en su interior, está construido sobre un basamento piramidal de esquinas remetidas que recuerdan las construcciones mayas del Petén guatemalteco. Se supone que el edificio estuvo dedicado a la observación de fenómenos astronómicos. Un reciente descubrimiento permite ahora apreciar el fenómeno equinoccial del ascenso del sol, que proyecta su haz de luz a través de las puertas oriente-poniente por la madrugada de los días próximos al 21 de marzo y 21 de septiembre. El fenómeno se repite en fechas posteriores con la luna, que sigue el mismo recorrido que el astro rey.

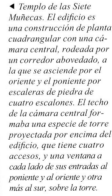

◄ *Templo de las Siete Muñecas. El edificio es una construcción de planta cuadrangular con una cámara central, rodeada por un corredor abovedado, a la que se asciende por el oriente y el poniente por escaleras de piedra de cuatro escalones. El techo de la cámara central formaba una especie de torre proyectada por encima del edificio, que tiene cuatro accesos, y una ventana a cada lado de sus entradas al poniente y al oriente y otra más al sur, sobre la torre.*

▲ *Estructura 12 con Monolito. Es un monumento notable en Dzibilchaltún:* *una plataforma coronada por una estela, que tenía funciones de altar.*

LÁMINA V - DZIBILCHALTÚN - TEMPLO DE LAS SIETE MUÑECAS

▲ *El majestuoso Arco de Kabah marca el inicio o el final de un camino blanco* (sacbé) *que llegaba hasta Uxmal.*

▶ *El Gran Palacio de Kabah, con su sencilla decoración, es un típico ejemplo del estilo Puuc Temprano.*

Kabah
La apología del dios Chaac

El nombre de Kabah aparece en el antiguo libro del *Chilam Balam de Chumayel,* por lo cual es posible que este nombre siempre fuera la designación original de este centro urbano, considerado el segundo en importancia en la región Puuc, después de Uxmal.

Tal parece que Kabah significa "el señor de la mano fuerte y poderosa", denominación asociada con una escultura colocada a la entrada de la zona arqueológica, que muestra un personaje masculino, con rasgos no mayas, que sostiene en la mano una serpiente.

▲ Las esculturas de pie-
dra de tamaño natural,
adosadas a la fachada
oriental del Codz Poop,
muestran personajes
erguidos, de rostros sin
expresión y cubiertos de
cicatrices.

▶ Si bien la fachada
poniente de este palacio
deslumbra con su
sobreabundancia de
mascarones, la fachada
oriental tiene su propio
encanto decorativo, con
el delicado trabajo de
celosías y chozas es-
tilizadas que reclaman
su propio lugar dentro de
las obras maestras de la
arquitectura maya.

▲ Fachada del Codz-
Poop. Llamado una
"muestra decadente del
churrigueresco nativo",
el edificio es un ejemplo
del barroquismo preco-
lombino exacerbado: el
escultor maya ofreció
para la posteridad este
monumento adornado
con profusión de mas-
carones del narigudo
dios Chaac, que lo
engalanan hasta la
suntuosidad extrema.

Labná
Obra maestra del estilo Puuc

Labná, que significa "casa vieja", fue una ciudad maya que comenzó a asentarse desde el año 300 d.C. y pervivió hasta su decadencia en el año 1000 d.C. La ciudad, rodeada de cierto aire sutil, causa peculiar efecto, que no fue ajeno al investigador Stephens que, asombrado por la belleza de sus ruinas escribió: "... jamás nos habíamos encontrado con una cosa que nos conmoviese con mayor viveza como a vista de estas ruinas..."

Labná destaca por la compacta disposición de sus edificios principales, sobre un área no muy extensa, en una espléndida muestra de diseño urbano.

▶ *Detalle de un mascarón de Chaac en el Gran Palacio.*

▼ *La fachada oriente del Arco de Labná está decorada con gran austeridad, a base de grecas y molduras.*

▼ *El Mirador de Labná, al fondo, estaba coronado por una crestería que sostenía estatuas de nobles mayas.*

▼ *La crestería del Mirador. Es el rasgo sobresaliente de este edificio de cuatro metros de altura. En algún momento estuvo decorada con representaciones de nobles mayas, de los que ahora quedan pocos restos.*

◀ *El Grupo del Palacio, localizado al norte, se comunica con el centro ceremonial conformado por el Arco Monumental, los santuarios adyacentes y el Templo del Mirador, en el extremo sur del* sacbé.

▼ *Reconstrucción de los frisos del Palacio. Un mascarón de Chaac, con una cabeza humana en la fauces, destaca en una de las esquinas del piso inferior.*

◀◀ *Ah Mucen Cab, un dios asociado al planeta Venus, aparece representado sobre uno de los pórticos característicos del Gran Palacio de Sayil.*

◀ *El Mirador de Sayil, con su elevada crestería es un ejemplo del temprano estilo Puuc que después florecería en toda la región.*

Sayil
Ciudad del Gran Palacio

Sayil significa en maya "lugar de hormigas arrieras", y es probable que derive del original Zeyé o de la palabra *say,* que se refiere a los hormigones que suelen llevar a cuestas grandes pedazos de hojas.

Sayil fue un gran centro urbano en la zona Puuc, construido entre los años 750 y 1000 d.C. La distribución de la ciudad muestra tres zonas concéntricas: la primera o núcleo del sitio incluye los edificios de l[a] élite ordenados de norte a sur mediant[e] un sacbé; la segunda cubre la periferi[a] del sitio, con zonas residenciales o casa[s] habitación; la tercera se extiende hacia lo[s] asentamientos satelitales de poblacione[s] que rendían tributo a Sayil.

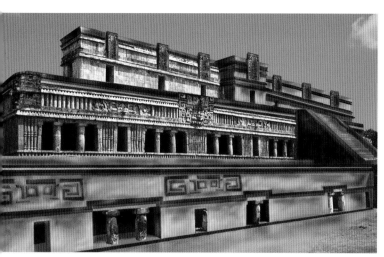

El Gran Palacio. ste edificio es el onumento más impor- nte de Sayil. Su figura argada consta de tres veles escalonados, n 98 cuartos o recin- s en total.

▶ Mascarones del dios Chaac. Similares a los de Kabah, adornan el friso del pórtico del Gran Palacio. Las columnas achatadas, propias del estilo Puuc, se alternan con grupos de pequeñas semico- lumnas.

▲ Fachada del Gran Palacio. En las paredes del segundo piso sobre- sale la decoración de las paredes con columnas que asemejan a los vare-jones de las chozas mayas y con mascarones de Chaac.

Uxmal
La ciudad de las fachadas decoradas

Una tribu llamada xiu pobló la serranía del norte de la península yucateca y fundó varias ciudades, entre las cuales destaca Uxmal por su trazo y sus hermosos edificios decorados con mosaicos.

Entre los años 800 a.C. y 200 d.C., Uxmal prosperó en la zona Puuc como una aldea de agricultores. Ya en el año 100 d. C., la ciudad tenía un sistema de gobierno que requería un grupo aristocrático como intermediario entre el pueblo y los dioses. Uxmal adquirió importancia como centro político, religioso, económico y cultural en la zona maya del norte.

Del año 200 al 1000, Uxmal se convirtió en la ciudad dominante de la región. Fue algo más que residencia de gobernantes y centro ceremonial.

◀ *Vista panorámica de Uxmal con la Pirámide del Adivino y el Cuadrángulo de las Monjas.*

▲ *El típico arco maya se muestra en todo su esplendor en las entradas del Palacio de Gobernador.*

LÁMINA VI - UXMAL - JUEGO DE PELOTA

En torno a las construcciones monumentales se formó un activo poblado que superaba los 20000 habitantes. La élite gozaba de autoridad absoluta sobre la comunidad. Uxmal experimentó una transformación notable entre los años 1000 y 1200 debido a la penetración del clan xiu, un grupo tolteca que introdujo nuevas concepciones políticas y religiosas a principios del siglo X. Hacia el año 1200 Uxmal declinó: no sabemos por qué motivos sus pobladores emigraron hacia otros centros político-económicos. Luego quedó durante siglos olvidada en la selva. Así concluyó el predominio de Uxmal sobre la región maya del norte.

▼ *El Edificio Norte, en el Cuadrángulo de las Monjas, con su gran escalinata y sus dos templetes anexos, parece haber sido el de mayor importancia para los habitantes de la antigua ciudad de Uxmal.*

▶ *Ornamentación del Edificio Poniente. En este edificio destacan las esculturas de personajes con penachos, los mascarones de Chaac y altorrelieves de serpientes entrecruzadas a lo largo del friso.*

En Uxmal se encuentra la extraordinaria Pirámide del Adivino, de más de 35 metros de altura y base oval, única en la arquitectura maya.

Otro importante conjunto de edificios es el Cuadrángulo de las Monjas. El acceso al interior de este conjunto se ubica en su costado sur, en un pasadizo construido mediante la bóveda maya. Es difícil decir cuál de los cuatro templos es más bello; sin embargo, por su altura, el Templo Norte es el más imponente.

▶ *Monumentalidad del Palacio del Gobernador. Aunque visualmente se divide en tres partes, debe considerarse como uno solo. La estructura mide 98 m de largo por casi 12 de ancho y poco más de ocho y medio de alto.*

▶ *Palacio del Gobernador. En su interior hay cámaras de acceso al exterior (por el oriente) y otras internas, que sólo se comunican con las primeras. Todas están abovedadas al estilo maya.*

▲ *Trono del Jaguar Bicéfalo. En Uxmal destaca esta escultura en una original representación en forma de trono, asentada frente a las escaleras del Palacio del Gobernador.*

"... hay dos cabezas colosales de serpientes ... con la boca abierta y la lengua afuera. No hay duda de que eran los emblemas de alguna creencia religiosa, y debieron haber excitado un sentimiento solemne de terror en el ánimo de un pueblo dotado de imaginación, cuando se paseaba entre ambas cabezas."

John Ll. Stephens y Frederick Catrerwood / Incidentes de viaje en Yucatán. *1843*

Chichén Itzá
La ciudad de los brujos del agua

"A la orilla del pozo donde viven los brujos del agua." Esto significa en maya Chichén Itzá, nombre de una de las ciudades-Estado más importantes de la América prehispánica.

En su etapa de apogeo, este enclave político y ceremonial dominó una vasta porción del territorio maya que hoy conocemos como Tierras Bajas del Sur, que comprendía la Península de Yucatán.

En el año 435 d.C., los antiguos mayas fundaron Chichén Viejo, con edificaciones según los estilos Chenes y Puuc, que predominaron hasta el año 625 d.C.

Hacia el año 900, los itzás llegaron a Chichén con un nuevo estilo de líneas severas, donde predominaba la representación del dios-serpiente Kukulcán. Este estilo se conoce hoy como Maya-Yucateco.

▶ *El Castillo es una pirámide de nueve cuerpos escalonados, de 60 metros por lado y 24 metros de altura, con escalinatas a cada lado y un templo en la parte superior.*

Desde la entrada a la zona arqueológica se observa una verdadera joya de esta cultura, el Castillo. La construcción alcanza los 24 metros de altura, sobre una base cuadrada que mide casi 60 m de ancho.

En muchas de las construcciones de Chichén Itzá se puede apreciar la influencia que hubo en el lugar de la civilización tolteca. Existen muchas similitudes entre las representaciones del dios Quetzalcóatl, en Tula, y las del dios Kukulcán, en Chichén Itzá.

El culto a Kukulcán (*kukul,* pájaro, y *can,* serpiente) alcanza su máxima expresión en los equinoccios cada 21 de marzo y 21 de septiembre, en donde Kukulcán "desciende" del Castillo en un fenómeno natural de luz y sombra.

Este "descenso" se genera debido a la posición de la pirámide respecto al sol; en la escalinata norte se forma el "cuerpo" de una serpiente descendiendo de la pirámide.

El Templo de los Guerreros, que forma parte del conjunto de las Mil Columnas, es un basamento piramidal con cuatro cuerpos escalonados y muros en talud que rematan en tableros, tres de los cuales están decorados con guerreros, águilas y jaguares devorando corazones humanos.

El exterior de la pared vertical está adornada con motivos en los que se mezclan elementos mayas y toltecas en la representación de Chaac y Kukulcán.

◄ *El Templo de los Guerreros, visto desde lo alto de la Pirámide de Kukulcán.*

◄ *Con sus 10 m de altura, el Osario parece una réplica menor del Castillo.*

▲ *El Cenote Sagrado, un enorme depósito de agua natural, fue sede de los sacrificios, en Chichén Itzá.*

El Caracol u Observatorio es otro edificio de mucha importancia, ya que debió ser en la vida cotidiana de los mayas una referencia obligada para la siembra, la cosecha y otras tantas actividades y festividades. Desde este recinto, los sabios mayas estudiaban el cosmos y formulaban predicciones para la vida cotidiana.

▲ *En las paredes salientes de la Plataforma de Venus se observan bajorrelieves del planeta.*

▶ *El Anexo del Este de la casa de las Monjas es un magnífico ejemplo del estilo Chenes.*

◀ *El Observatorio remata en una torre cilíndrica con cuatro puertas.*

▲ *La Iglesia debe su nombre a exploradores europeos, a quienes este adoratorio les recordó un templo cristiano.*

Chichén Itzá destaca por un gran número de edificios de mucha importancia: el Templo de los Guerreros, el Complejo del Osario, el Conjunto de las Monjas, el Conjunto de las Mil Columnas y el Juego de Pelota. Las dimensiones de este último lo sitúan entre los más importantes de todo Mesoamérica. Mide 168 m de largo por 70 de ancho y está compuesto por cinco estructuras principales: el patio del juego, el Templo Norte o del Hombre Barbado, el Templo Sur y el Templo de los Jaguares con su Anexo.

▼ *El Juego de Pelota de Chichén Itzá, con sus dos templos anexos del norte y del sur, mide 168 m de largo por 70 de ancho.*

▶ *Los aros de piedra empotrados en la mitad del muro del Juego de Pelota son notables por su decoración labrada.*

▲ *El Templo del Norte del Juego de Pelota fue el primero en Chichén Itzá donde se usó la combinación de talud (muro inclinado) y tablero (muro vertical).*

LÁMINA VII - CHICHEN ITZÁ - EL MERCADO

Ek Balam
La ciudad del jaguar negro

Ek Balam, que significa "jaguar negro" en lengua maya, fue el centro maya más importante del oriente de Yucatán. Tuvo su apogeo en el Clásico Tardío, entre los años 700 y 1200 d.C.

Ek Balam posee una arquitectura muy singular, hasta ahora desconocida. Sus edificios presentan elementos de estilos propios de regiones como el Petén, el Puuc, la Costa Oriental de Quintana Roo, el Río Bec y el Chenes. De esta combinación ha resultado el estilo novedoso y original que hace de Ek Balam un sitio único en la región maya.

La ciudad estuvo protegida por tres murallas con cinco entradas que rematan en cinco *sacbés* (caminos mayas).

◄ *La Acrópolis. Es un edificio complejo por sus numerosas etapas de construcción superpuestas, llena de bóvedas, escalinatas y pasadizos.*

En este lugar se han realizado hallazgos tan importantes como las Serpientes Jeroglíficas, donde se representa el glifo emblema de Ek Balam.

◄ *El cuarto número 35 de la Acrópolis es una joya del arte maya. Sobre un mascarón de fauces abiertas sobresalen personajes dotados de alas, conocidos como "los ángeles mayas".*

► *Glifo-emblema de Ek Balam. En el el norte de Yucatán no se conoce otro glifo-emblema, título real que dotaba al soberano de naturaleza divina y le daba como gobierno un Estado y no sólo una ciudad.*

Dos cordones de muralla rodean la zona central, donde estaban las construcciones más importantes, entre las cuales destacan el Edificio Habitacional, las Pirámides Gemelas y el Juego de Pelota.

La estructura más grande de Ek Balam es la Acrópolis, una pirámide de 31 metros de altura, con 160 m de largo por 60 de ancho, formada por varios niveles de terrazas y construcciones superpuestas.

► *Juego de Pelota. En esta estructura se encontró una ofrenda de 90 vasijas con pelotitas de piedra quemada y un friso modelado y pintado, que representa un alto personaje en un trono sosteniendo un ave con la mano.*

Tulum
Ciudad maya frente al mar

En lo alto de un precipicio rocoso contra el que golpea sin cesar el azul turquesa del mar Caribe, se extienden los edificios de la antigua Tulum, rodeados por una impresionante muralla de piedra.

Al parecer, varias ciudades mayas contaban con una fortificación de ese tipo, pero Tulum es la única urbe de esta región que la conserva hasta nuestros días.

En el interior de la muralla se extienden edificios de la ciudad como la Casa del Chultún, el Templo de los Frescos, la Tumba de la Cruz y los monumentos del llamado Recinto o Muralla Interior. El diseño general de la ciudad consiste en un cuadrilátero rectangular cercado a los lados y al frente por la muralla, y al fondo por el acantilado.

Las pirámides de Tulum son pequeñas y no imponen esa sensación apabullante de otras ciudades mayas.

Sin embargo, sus dimensiones mesuradas hacen que uno sienta que ésta es una ciudad construida a la medida y para el placer del hombre, situada junto a bellísimas playas.

◀ *Desde lo alto del risco se contempla el espectáculo atrayente del mar rompiendo en la orilla, la extensión completa de Tulum y la selva que crece alrededor.*

▶ *La Plaza Principal de Tulum. Al fondo se observa la estructura del Castillo.*

▲ El Templo de los
Frescos debe su nombre
a las pinturas murales
que se conservan en su
interior.

▲ Reconstrucción
hipotética de Tulum. La
ubicación de esta ciudad
en lo alto frente al mar y
en medio de un ambiente
selvático, le otorgan esa
cualidad única que la
distingue de las demás
ciudades mayas.

"*Estábamos en medio de la escena más agreste y salvaje que hubiésemos encontrado en Yucatán, y además del profundo y vivo interés de las ruinas mismas, estábamos rodeados de lo que en otros lugares habíamos echado de menos: la magnificencia de la naturaleza.*"

John Stephens / Incidentes de Viaje en Yucatán. 1843. - Dibujo de Frederick Catherwood.

El vistoso conjunto está erigido en lo alto de un precipicio rocoso desde el cual, visto de lejos, llama la atención, por su gallardía y armoniosa irrupción en el paisaje exótico de la costa.

Como dato anecdótico, en el año 1518, el conquistador Juan de Grijalva se refirió a ella como un pueblo "tan grande como Sevilla", con una torre tan alta "como no había visto otra".

Desde estas alturas se contempla el espectáculo atrayente del mar rompiendo en la orilla, la extensión completa de Tulum y la selva que crece alrededor.

◀ *Casa del Halach Uinic, significa "casa del gran señor". El edificio presenta un total de trece entradas y se caracteriza por ser el de mayor anchura de Tulum.*

◀ *Templo del Viento. Su presencia es importante, ya que son muy pocas las estructuras de planta similar existentes en el área maya.*

◀◀ *Templo del Dios Descendente. Es un pequeño monumento dedicado a esta deidad, que se repite con frecuencia en Tulum.*

Edzná
La ciudad del valle de Campeche

En el norte de Campeche se levanta la magnífica ciudad maya de Edzná, recientemente restaurada, cuyas dimensiones y monumentalidad son comparables con las de Chichén Itzá y Uxmal.

Asentada en una región conocida como los Chenes, Edzná fue uno de los sitios más importantes del área durante el período Clásico Tardío. En su apogeo, llegó a ocupar un área cercana a los 17 kilómetros cuadrados y en ella se construyeron alrededor de 200 estructuras, entre plataformas y edificios, levantados sobre basamentos más antiguos.

El sitio, rodeado por canales y pequeñas represas, contiene un conjunto principal de edificios conocido como la Gran Acrópolis, en el que destaca la Pirámide de las Cinco Terrazas: en cada uno de los cuatro pisos, unidos por una escalinata con los peraltes decorados con inscripciones jeroglíficas, se observan series de cuartos, mientras que en el quinto hay un templo coronado con cuatro de las seis piezas que formaron originalmente una crestería.

▲ *Pirámide de las Cinco Terrazas. También llamado Edificio de los Cinco Pisos, esta pirámide sobresale en la extensión con una mezcla especial de rasgos de palacio y templo, en el estilo arquitectónico Puuc. Su fisonomía es el resultado de una inusual combinación de elementos propios de estructuras piramidales y soluciones que incluyen series de cuartos semejantes a los de un palacio.*

▶ *Juego de Pelota. En su estructura arquitectónica, la mayoría de los Juegos de Pelota siguen la misma forma, con la cancha al centro y taludes laterales que rematan en un muro donde a veces hay anillos para que pase la pelota.*

LÁMINA VIII - EDZNÁ - EDIFICIO DE LOS CINCO PISOS

EL MUNDO DE LOS ANTIGUOS MAYAS

La complejidad del pensamiento maya está siendo descifrada conforme avanza el desciframiento de su escritura jeroglífica. Los glifos tallados en piedra hoy no sólo cuentan la historia de su dioses: también narran la saga de grandes dinastías y de guerras por el poder. Sin embargo, la fascinación que ejercen los mayas proviene de sus imponentes monumentos y de sus exquisitas obras de arte; es en ellas donde se manifiesta el mundo sobrenatural de sus deidades, la vida de sus sacerdotes y gobernantes, y la sabiduría de esta civilización enigmática y sofisticada.

La tierra de los mayas

Zona Norte

Empieza en una selva baja que se prolonga hacia el norte de la Península de Yucatán, en una plataforma caliza de suelo poco profundo y cuerpos de agua escasos; por eso el agua fue vital para los mayas de esta zona.

Zona Central

Es la zona más extensa del antiguo territorio maya y comprende el Petén de Guatemala, Belice, parte de Honduras y los estados mexicanos de Chiapas, Tabasco y sur de Yucatán. En esta zona de lluvias y suelos fértiles surgieron grandes poblaciones en el antiguo mundo maya.

Zona Sur

Comprende la costa del Pacífico, las montañas de Guatemala, una zona de El Salvador y parte del estado de Chiapas, en México. El sur tiene volcanes activos. En sus montañas nacen dos ríos importantes: el Usumacinta y el Motagua. La costa del Pacífico posee fuentes de recursos marinos y de sal.

LAS ZONAS DEL
MUNDO MAYA

Límite de zona
Límite del área maya
Límites internacionales
Límites estatales

Los mayas en el tiempo

Periodo Preclásico
(1500 a.C.-150 a.C.)

▲ *Hacha de sílex, sus hojas y mango son de una sola pieza.*

Las aldeas agrícolas sedentarias estaban establecidas en una economía de autosubsistencia con el cultivo de varios productos, en especial del maíz.

Florecieron la cerámica y la cestería. Alrededor del 500 a.C. se dieron los primeros indicios de cambio con el crecimiento de ciudades y la construción de grandes edificios públicos.

Se comenzó a utilizar el sistema calendárico maya. Kaminaljuyú (Guatemala), el principal centro maya de esa época, ejerció el control comercial de la obsidiana.

▲ *Hacha. Simojovel, Chiapas.*

◀ *Máscara. Tikal, Guatemala.*

Periodo Clásico
(150 a.C.-900 d.C.)

El centro político y económico de la civilización maya se concentró en la zona central. Ciudades como Tikal y Copán adquirieron gran importancia bajo el liderazgo de las dinastías reinantes.

▲ *Vasija, Guatemala.*

Tras el periodo de florecimiento, muchas ciudades de la zona central vieron decaer su población y su poder político.

Fueron muchas las causas de este colapso: presiones demográficas, sequía prolongada y conflictos entre ciudades. Mientras esta zona decaía, en el norte se desarrollaron ciudades como Chichén Itzá y Uxmal.

◀ *Fragmento de incensario. Copán.*

Periodo Posclásico
(1000 d.C.-1541 d.C.)

◀ *Disco con mosaico. Chichén Itzá, Yucatán.*

En el año 918 d.C, un grupo mercantil de la costa del Golfo, conocido como los chontales o putunes, se asentó en la ciudad de Chichén Itzá, que se convirtió en la capital de las ciudades de la zona Puuc y de otros lugares del norte.

Fue un periodo de importantes cambios culturales. Hubo un nuevo impulso al comercio, transformaciones en el diseño de las ciudades y en las formas de control político. Hacia mediados del siglo XV, el escenario político que hallaron los españoles fue el de pequeños cacicazgos independientes. El encuentro de las dos culturas ocasionó el fin de la civilización maya tras 2000 años de historia.

La sociedad maya

▲ *Gobernante sentado.*
Periodo Clásico Tardío.
Isla de Jaina, Campeche.

En la sociedad maya, la máxima autoridad era el Ahau o Señor, considerado como hijo de los dioses. Cada gobernante procuraba confirmar esta creencia asociando a su persona diversos acontecimientos astronómicos y astrológicos. Los señores regían la vida civil religiosa y militar de su pueblo: estaban rodeados por una corte de militares, comerciantes, artistas, sabios y esclavos, siendo ellos mismos, en muchas ocasiones, sabios y artistas además de guerreros, comerciantes y legisladores. Un consejo de nobles lo ayudaba en sus tareas de gobierno, y otra clase nobiliaria de rango inferior, llamada *cahalob*, hacía las veces de gobernadores y administradores de las provincias de los señoríos.

La masa popular se empleaba en tareas agrícolas, de manufactura de utensilios o como peones de construcción. Los artesanos, artistas y otros profesionales eran, casi con seguridad, parte de la élite.

La religión

Los mayas eran panteístas: creían que el mundo había sido creado por los dioses y que eran ellos quienes determinaban su destino. Su principal dios se llamaba *Hunab Ku* o *Itzamná*, el creador del universo.

Los dioses se mostraban a los seres humanos en formas de animales: el jaguar era el sol; la serpiente la lluvia, y el murciélago era la muerte.

La figura de la serpiente de cascabel era un símbolo importante relacionado con la fertilidad de la tierra. Por eso uno de sus principales dioses, *Kukulcán*, era representado como una serpiente emplumada. *Kukulcán* era una especie de dios civilizador y se le identificaba con el *Quetzalcóatl* de los aztecas.

Una divinidad muy reverenciada, sobre todo en las Tierras Bajas del Norte, era *Chaac*, dios de la lluvia y protector de las cosechas y de la vida.

Yum Kaax era el dios del maíz, e *Ixchel*, la esposa de Itzamná, era la diosa de la medicina. Había también un dios de la muerte, especie de juez ultraterreno, llamado *Ah Puch*, y una diosa del suicidio, conocida como *Ixtab*.

▲ *Dios solar, incensario.*
Palenque, Chiapas.

La escritura maya

Los mayas asimilaron el sistema de escritura olmeca alrededor de los siglos III y II a.C., y a partir de éste crearon su propia escritura, una de las más complejas del mundo antiguo. Su escritura jeroglífica sólo hasta ahora comienza a ser descifrada.

Los mayas escribían en códices elaborados con tiras de corteza de árbol o piel de venado dobladas a manera de biombo. En sus textos asentaron sus conocimientos científicos, sus mitos y la historia de los linajes de sus gobernantes. Con la llegada de los españoles se perdió todo rastro de la escritura jeroglífica maya; ya que aquéllos consideraban que ésta mantenía viva las supersticiones mayas y era un obstáculo para la evangelización del pueblo conquistado.

En la actualidad se conservan tres códices: el Madrid, el París y el Dresde.

◄ *Páginas del Códice de Dresde.*

La Rueda Calendárica

En la gráfica se muestra el acoplamiento del *tzolkín* (el calendario ritual) de 260 días, con el año ordinario de 365 días (calendario *haab*).

El *tzolkín* contiene la rueda A, una rueda de numerales que van del 1 al 13, y la rueda B, con los veinte signos de los días.

El calendario *haab* comprende la rueda C, con 18 meses de 20 días y un sobrante de 5 días al finalizar el año. En la rueda C sólo se muestra el mes *keh,* de 20 días. El acoplamiento de estas tres ruedas muestra la fecha. Tendrían que transcurrir 52 años para que una fecha se repitiera de nuevo en la Rueda Calendárica.

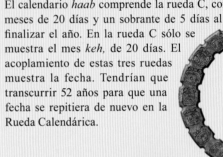

A

B

C

Arquitectura maya

La base de la arquitectura maya son sus construcciones rurales. La choza indígena dió origen al famoso arco o "bóveda maya" que se encuentra como un elemento común en todas sus edificaciones. Muchos de sus edificios poseían un marcado carácter religioso: las grandes pirámides, que en ocasiones llegaban a medir hasta 45 metros de altura, servían como base a los templos superiores.

La formidable creatividad de los mayas se evidencia en la variedad de sus estilos arquitectónicos.

Rasgos generales de la arquitectura maya

- *Edificios de mampostería con bóvedas saledizas o arcos falsos*
- *Muros recubiertos de estuco o de piedras pulidas pintados con colores vivos.*
- *Edificios principales como basamentos piramidales que sostienen templos y palacios levantados sobre plataformas de piedra.*
- *Templos adornados con cresterías.*
- *Las construcciones delimitan plazas orientadas con los puntos cardinales.*

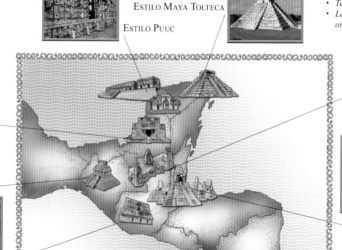

Estilo Maya Tolteca

Estilo Puuc

Estilo Riobec

Estilo Chenes

Estilo Región Noroccidental

Estilo Petén

Estilo Región Usumacinta

MUNDO MAYA

HONDURAS, GUATEMALA, BELICE, EL SALVADOR Y MÉXICO.

1a. Edición, 2007. Mérida, Yucatán.
ISBN: 970-605-406-5

D.R. © Editorial Dante S.A. de C.V.
Calle 19 No 103 x 20. Col. México.
C.P. 97125. Mérida, Yucatán. México.

Dirección creativa: Javier Covo Torres.
Maquetación: Alejandra Cárdenas A.
Revisión técnica: Laura Morales.
Corrección de estilo: Svetlana Larrocha.
Textos: Archivo Dante.
Fotografía: David Baeza.
© Philip Baird www.anthroarcheart.org para las fotografías de
las siguientes páginas 6, 7, 9, 11, 12, 14, 16, 17, 18, 21, 22,
23 y 24.
© Corsatur para las fotografías de las páginas 28 y 29.
©Istockphoto.com para las fotografías de las páginas 20, 22
23 y 25.
© Jan Csernoch para las fotografías de las páginas 8 y 13.

IMPRESO EN CHINA.